¡Felices fiestas!

¡FELIZ CUATRO DE JULIO!

I0875913

Alex Appleby
Traducido por Christina Green

Gareth Stevens
PUBLISHING

Please visit our website, www.garethstevens.com. For a free color catalog of all our high-quality books, call toll free 1-800-542-2595 or fax 1-877-542-2596.

ISBN 9781538251607 (paperback)
ISBN 9781538251614 (eBook)

First Edition

Published in 2020 by
Gareth Stevens Publishing
111 East 14th Street, Suite 349
New York, NY 10003

Translator: Christina Green
Editor: Ryan Nagelhout
Designer: Sarah Liddell

Photo credits: Cover, p. 1 (fireworks) Deymos/Shutterstock.com; cover, p. 1 (flag) cdrin/Shutterstock.com; p. 5 Blend Images/Ariel Skelley/the Agency Collection/Getty Images; p. 7 Ariel Skelley/Blend Images/Getty Images; p. 9 Jamie Grill/The Image Bank/Getty Images; p. 11 Hero Images/the Agency Collection/Getty Images; pp. 13, 17 Bochkarev Photography/Shutterstock.com; pp. 15, 24 (grill) Hurst Photo/Shutterstock.com; p. 19 iStock/Thinkstock.com; pp. 21, 24 (fireworks) redswept/Shutterstock.com; p. 23 elen_studio/Shutterstock.com.

Printed in the United States of America

CPSIA compliance information: Batch #CG19WL: For further information contact Gareth Stevens, New York, New York at 1-800-542-2595.

Contenido

¡El cuatro de julio
celebramos
una gran fiesta!

Se celebra
en el verano.

¡Es el cumpleaños
de Estados Unidos!

La gente hace grandes fiestas.

Se hacen deliciosas comidas al aire libre.

Muchos usan
una parrilla.

¡La gente prepara
hot dogs!

A la gente le gusta jugar.
Muchos juegan
al béisbol.

A la gente
le gusta ver
los fuegos artificiales.

Son de colores brillantes.

Palabras que debes aprender

(los) fuegos artificiales

(la) parrilla

Índice